Sabine Gehlen

Schlüsselzeiten

Von einer, die auszog,
ins Leben zu wachsen

Eine Lebenszusage

©2016 Sabine Gehlen

Herstellung und Verlag:

BoD - Books on Demand, Norderstedt

ISBN: 978-3-7412-3865-9

Alle Rechte liegen bei der Autorin

Sabine Gehlen

Schlüsselzeiten

Von einer, die auszog,
ins Leben zu wachsen

Eine Lebenszusage

***

Für Sie,
für Dich
von Herzen

***

Inhaltsverzeichnis

Prolog zum Prolog	9
Prolog	11
Schlüssel zum Glück	13
Hingabe	19
Wandlung	27
Erwachsen werden	34
Maßgeschneiderter Paletot	41
Blumentöpfe	48
Dienstschluss	57
Kirschbaumweisheit	61
Krönung	65
Perlen	70
Lebenszusage	75
Schlüsselbrett	88

Prolog zum Prolog

Ein authentisches Buch in ICH Form – ist das nicht total daneben? Wen interessiert schon mein Leben? Hat doch jeder genug mit seinem eigenen Leben zu tun! Vor meinem inneren Auge erscheint ein streng schauendes Männchen mit verkniffenem Mund und erhobenem Zeigefinger. Ein Buch, in dem ich selbst meine eigene Protagonistin bin - in ICH Form - wie anmaßend! Ich beginne zu zweifeln. Ist es wirklich eine gute Idee, dieses Buch zu schreiben? Wer hat etwas davon? Wem nützt es? Hat es in irgendeiner Form einen Wert für andere?

Stopp! Da ist er wieder, mein Verstand, der mir schon so oft im Weg gestanden hat. Ein verängstigter, kleinkarierter Miesepeter, der mich ständig dazu ermahnt, unauffällig, bescheiden und brav zu sein. Bloß nicht anecken, bloß nichts riskieren!

Während mein Verstand weiter meckert, vernehme ich zeitgleich noch eine andere Stimme, unaufdringlich, leise, behutsam, liebevoll. Mein Herz sagt: Schreib' doch einfach. Es tut gut, zu schreiben. Es sortiert Gedanken, es bringt auf den Punkt, es hilft, zu verstehen, zu akzeptieren, zu begreifen. Vielleicht sind ja andere Menschen in ähnlichen Situationen? Vielleicht trägt es dazu bei, sich miteinander verbunden zu fühlen? Vielleicht macht es ja Mut oder gibt Trost in schwierigen Zeiten?

Verstand an Herz: Bilde dir bloß Nichts ein!

Fast amüsiert beobachte ich, wie mein Verstand jetzt sämtliche ihm zur Verfügung stehenden Alarmglocken läutet - ohne Erfolg. Gegen den Ruf meines Herzens hat er keine Chance. Ich schreibe. Jawohl! Ich tu's! Mit einem Gebet: Mögen meine Worte andere Herzen erreichen und ihnen einfach nur wohltun.

Für Sie, für Dich, in Liebe:
Herzensgrüße!

Prolog

Donnerstagmorgen, 4:30 Uhr. Wieder so ein wirrer Traum vom Fahren und vom Steckenbleiben. Immer auf dem Weg, immer schnell voran - und dann: ein Hindernis, eine Baustelle, eine verengte Spur - ausgebremst! Ich hänge fest. Seit Tagen hänge ich fest. Ohnmächtig fühle ich mich, ausgeliefert. Einen Moment lang denke ich an Flucht - ausbrechen aus dieser Situation - aber, wie? Wie geht das?

Es geht eben nicht! Diverse Versuche liegen schon hinter mir. Vom lustlosen Herumstochern im Essen bis hin zu berauschenden Grießpuddingattacken … doch auch diese süßen Trostpflaster hinterlassen letztendlich nur ein Gefühl der Leere. Dabei haben sie mir in meiner Kindheit IMMER geholfen. Ja, das war damals das Größte für mich - bei jeder Qual, bei jeder Verletzung der kindlichen Seele: Mutters Grießpudding! Liebe, die man essen kann! Süß und wohlig im

Bauch. Verstanden werden, angenommen sein. Trost mit roter Himbeersauce. Wirkt immer! Nein, ich korrigiere: Wirk<u>te</u> immer! Jetzt wirkt es eben NICHT mehr, weil das Essentiellste fehlt: Es fehlt meine Mutter! Das ist es! Das ist das Problem! Und selbst wenn ich den Grießpudding 1000 Mal besser kochen könnte als sie - er wird meine Seele niemals so tief trösten können, wie der aus ihrer Hand!

Ich wundere mich über mich selber. Eigentlich habe ich mich in meinem Alter für erwachsener gehalten! Doch jetzt, in dieser Zeit des Abschiednehmens, jetzt erkenne ich schmerzlich, wieviel kindliche Sehnsucht doch immer noch tief in mir schlummert. Gedankenverloren schaue ich auf den Kalender und lese von Charles Dickens den Spruch des heutigen Tages:

„Auch eine schwere Tür hat nur einen kleinen Schlüssel nötig".

Mir scheint, es ist jetzt an der Zeit, diesen Schlüssel zu finden!

Schlüssel zum Glück

Oh je! Was ist denn hier los? Ich glaub', mir wird schlecht! Hinter der Tür, die ich gerade aufgeschlossen habe, erwartet mich das reinste Chaos: Berge unsortierter Emotionen, unerledigter Dinge und auf Erfüllung wartender Ziele liegen hier wild durcheinander. Das sieht nach Arbeit aus! Womit, und vor allem: WIE fange ich an?

Ich habe keinen Plan. Doch eins ist sicher: Ich muss Ordnung in mein Leben bringen - wenn nicht jetzt, wann dann?

Die lebensbedrohliche Krankheit meiner Mutter wirft mich auf ganz eigentümliche Weise auf mich selbst zurück. Hm! Erwachsen bin ich scheinbar noch lange nicht. Solange noch ein Elternteil präsent ist, ist man doch immer noch irgendwie auch weiterhin „Kind", nicht wahr? Doch diese Rolle im Leben neigt sich irgendwann für jeden unweigerlich dem Ende zu. Wie naiv von mir, zu denken, dass man mit fortschreitendem Lebensalter auf natürliche Weise - also gewissermaßen automatisch in den „Erwachsenenstatus" hineinwachsen würde.

Nein, weit gefehlt: Egal, wie alt wir tatsächlich an Jahren sind - wenn wir bestimmte Prozesse nicht durchlaufen, dann bleiben wir „Kind" ein Leben lang! Nun, das ist ja im Grunde genommen nicht wirklich schlecht, aber ich merke: Das reicht mir nicht. Ich will mehr!

Ich will …

Hm! Was will ich eigentlich?

Ein paar Augenblicke der Besinnung: Was will ich denn eigentlich WIRKLICH? Das Erste, was mir hierzu in den Sinn kommt: Ich möchte glücklich sein. Ja, das ist es:

<u>Einfach glücklich sein</u>!

Verstand an Seele: Und?
WAS macht dich glücklich?

Gute Frage!

Kurze Bedenkzeit, in der verschiedene Gedankenfragmente wirr und unsortiert in mir aufsteigen: *„Glücklich ist, wer vergisst, was doch nicht zu ändern ist"*, oder: *„Akzeptiere dich selber, so wie du bist - dann wirst du wahrlich vom Leben geküsst"*. Oder - Oh, nein! Da ist es schon wieder: Grieß-pudding von meiner Mutter. Oha! Das wird schwierig! Wenn mein Glück vom Grießpudding meiner Mutter abhängt, dann habe ich schlechte Karten. Seit Monaten schon ist sie viel zu schwach, um den Kochlöffel noch selber schwingen zu können, und - ich muss der bitteren Wahrheit ins Gesicht schauen: sehr bald schon wird sie gar nicht mehr für mich da sein können. Ein Moment der stillen Trauer überwältigt mich. Doch dann straffe ich energisch meine Schultern und zwinge mich zurück zu mir.

Was macht glücklich? Wie und wo findet man den *„Schlüssel zum Glück"*?

Mir fällt ein, dass ich bereits in meinem Buch *Seelenkonfekt** ein Gedicht zum Thema Glück geschrieben habe. In der

Bibel* hatte mich zuvor folgende Textstelle fasziniert:

Das größte Glück genießt ein Mensch in dem kurzen Leben, das Gott ihm gibt, wenn er isst und trinkt und es sich gut gehen lässt bei aller Mühe (Prediger 5, 17).

Von dieser Aussage inspiriert schrieb ich die Zeilen:

*Das Glück, es kommt ganz unerwartet -
wenn man so gar nicht darauf achtet.*

*Auf einmal steht es vor der Tür -
flüstert leis': Ich bin doch hier!*

*Fast hätte ich ihn nicht bemerkt -
diesen Augenblick, der die Seele stärkt.*

*Ein Moment voller Seligkeit -
macht sich in meinem Herzen breit.*

*Ich spüre ihn, bin ganz erfüllt -
in wohlige Freude eingehüllt.*

*Wünschte mir, dass es immer so bliebe -
dieses Gefühl der umfassenden Liebe.*

Im Herzen weiß ich, sie ist immer da -
doch sehe ich manchmal im Leben nicht klar.

Sorgen und Ängste machen sich breit -
vergiften wertvolle Lebenszeit.

Doch das Glück -
es kehrt zurück.

In hellen Momenten voll Poesie -
flüstert es leis': Ich verlasse dich NIE.

Jetzt fällt es mir plötzlich wie Schuppen von den Augen: Der Schlüssel zum Glück - er liegt in dem Wort, oder besser gesagt in dem Zustand MOMENT.

Ja, genau! Das ist es! Wenn ich erwarte, dass Glück ein Dauerzustand zu sein hat, dann kann ich früher oder später an der Unerfüllbarkeit dieser hohen Erwartung nur verzweifeln. Aber: *„Momente des Glücks"*, die blitzen im Laufe des Lebens - oft auch völlig überraschend - immer wieder auf!

Und noch etwas wird mir mit einem Schlag klar: Ich darf mein Glück nicht abhängig machen von den Aktionen oder Reaktionen anderer. Das geht einfach nicht!

Schließlich habe ich bezüglich Glücklich sein auch eine Eigenverantwortung!

Wie ferngesteuert stehe ich auf, gehe ich in die Küche und koche mir selber einen süßen, heißen Grießpudding. Ein dicker Klecks Himbeermarmelade oben drauf - und voller Verwunderung stelle ich fest:

Es schmeckt echt lecker!

Hingabe

Hingabe! Das Wort geht mir einfach nicht mehr aus dem Kopf. H I N G A B E ! Heute Morgen, beim Aufwachen, war es einfach da. Hingabe! Ich fange an, mit dem Wort zu spielen …

H I N G A B E … sich selbst hingeben; sich hinwenden zu neuen Gaben; sich öffnen, um Gaben zu empfangen … Oh, jetzt hab' ich's: Mich ganz bewusst zu MEINER Gabe hinwenden! Ja! Das ist die Aufforderung. Das ist die Chance. Das ist das Geschenk. Das muss es sein.

Hingabe an das Leben: Sich ganz bewusst mit allen Sinnen und mit dem Herzen öffnen, um alles zu empfangen, was das Leben bereithält. Doch was mache ich / was machen viele von uns stattdessen? Im Raum des eigenen, kleinen ICHs verharren und mit klopfendem Herzen hinter geschlossener Tür dem Leben zuschauen. Oder, was auch sehr beliebt ist: Wie verrückt agieren und machen und tun, jede Sekunde, jeden Atemzug „aktiv" sein, alles mitmachen, alles erleben wollen - blinder Aktionismus, um bloß NICHTS im Leben zu verpassen.

H I N G A B E

Ein paar lange Seufzer aus tiefer Seele, dann mache ich mich beherzt ans Werk: Hingabe, wo hast du dich versteckt?

Hingabe - eins, zwei, drei: Ich komme!

Ich gehe erst einmal ganz strukturiert an die Sache heran und schlage im Duden die Definition für das Wort Hingabe nach. Aha, hier ist das Wort in zwei Kategorien aufgeteilt: a) Rückhaltloses sich hingeben für/an jemanden, etwas, und b) große, innere Beteiligung, hingebungsvoller Eifer, Leidenschaft.

Gut auf den Punkt gebracht. Ja, das kann ich beides gut nachvollziehen - zumindest theoretisch.

Und praktisch? Wie funktioniert das in der Praxis? Wie „geht" Hingabe?

Mein inneres Bild dazu: Ich stehe mit weit geöffneten Armen einfach nur da und nehme an, was auch immer gerade kommen mag! Das ist gar nicht so dumm - besonders unter dem Aspekt, dass man im Leben sowieso an gewissen Lektionen nicht vorbeikommen kann - bestimme Erfahrungen will die Seele nun einmal einfach machen - ob es uns nun in den Kram passt, oder nicht! Laufe ich vor bestimmten Sachen weg, dann holen sie mich ja doch früher oder später wieder ein, also: Warum nicht einfach stehen bleiben und mit geöffneten Armen empfangen, was kommt?

Ohne Hingabe kein Empfangen!

Wieder einmal schleicht sich die Situation mit meiner Mutter in meine Gedanken. Das ist so schwierig! Es ist fast unerträglich, zu sehen, wie sie mehr und mehr abbaut und ganz normale Dinge, wie zum Beispiel das Heben einer vollen Wasserflasche, um sich ein Glas Wasser einzuschenken, nicht mehr bewältigen kann. Ich will helfen, ich will ihr alles nur Erdenkliche abnehmen, ich mache und tue, ich mische mich ein - und hole mir dabei doch nur einen Tadel nach dem anderen ab. Wieso?

Wieso ist das so?

Ich meine es doch nur gut! Es hat eine Weile gedauert, bis ich auf den Trichter gekommen bin: Meine Art der Überfürsorge ist für meine Mutter jedes Mal ein Signal der Entmündigung. Mit jedem Einmischen signalisiere ich ja gleichzeitig - wenn auch ungewollt - automatisch, dass ich es ihr nicht mehr zutraue, ihre Dinge selbst zu bewältigen. Ich erkenne mit einem Schlag: Das ist ganz klar eine Grenzüberschreitung meinerseits.

Noch kann meine Mutter ja kommunizieren! Sie äußert ja ihre Wünsche! Wenn sie Hilfe braucht und wünscht, dann formuliert sie dies explizit. Darüber hinaus kann ich meine Hilfe *anbieten* - aber nicht einfach ungefragt alles Mögliche ausführen! Das geht einfach nicht!

Meine Lektion besteht jetzt ganz klar im LASSEN!

Hingabe in dieser Situation ... schwer. Trotzdem! Oder jetzt erst recht: Ich öffne meine Arme und gebe mich hin - dem Leben, der derzeitigen Situation, der Aufgabe.

Der *Aufgabe*?

Bei dem Wort *Aufgabe* muss ich unvermittelt schmunzeln - die deutsche Sprache ist wirklich herrlich. Aufgabe bedeutet ja sowohl etwas machen zu müssen, als auch: etwas aufzugeben, im Sinne von „etwas nicht weiter fortsetzen". Und dann gibt es auch noch die Möglichkeit, etwas z.B. bei der Post aufzugeben, zum weiteren Transport an einen bestimmten Empfänger. Eine Sendung aufgeben, etwas loslassen, damit ein anderer etwas empfangen kann ...

Interessant ...

Mein Entschluss steht fest: Ich gebe auf! Jawohl, mein kleines ICH, ob es dir nun gefällt, oder nicht: Ich gebe es auf, DIR allein die Regie meines Lebens zu überlassen. Ich habe einen weitaus qualifizierteren Regisseur für mein Leben gefunden als dich - mag von nun an die HINGAGE deinen Job übernehmen!

Gute Entscheidung! Ja, gute Entscheidung. Aber: Diese Entscheidung auch wirklich zu *leben* - das wird viel Übung erfordern. Am besten fange ich gleich heute damit an!

Ich mache mir nichts vor: Sicher werde ich noch oft Zurechtweisung erfahren. Aber ich werde auch mehr und mehr erkennen, dass alles gut ist, so wie es ist.

In der Hingabe kann ich empfangen, und - was auch immer es sein wird - ich werde es annehmen und ganz fest versuchen, das Beste daraus zu machen. Ja. Das fühlt sich richtig an.

Und um es auch richtig gut zu machen, wende ich mich zuallererst einmal mit einem kleinen Gebet an die himmlischen Helfer. Das ist immer eine gute Adresse. Schließlich sind „die da oben" immer für uns da - wir müssen sie nur einladen, denn sie sind nicht übergriffig, d.h. sie mischen sich nicht *unaufgefordert* ins Leben ein.

Also fordere ich auf! Ja, ich fordere auf, ich öffne mich, ich bete um Hilfe, ich gebe mich hin - doch bitte ich nicht um *konkrete* Dinge - das wäre eine verstandesbedingte Einschränkung. Nein, ich bitte einfach nur um Hilfe - für mich selbst und für alle. Möge für einen jeden von uns das BESTE geschehen - wie auch immer das Beste letztendlich aussehen wird …

Es hat etwas gedauert, bis ich begriffen habe, dass eigentlich IMMER „das Beste" geschieht - es lässt sich nur nicht immer gleich als solches erkennen.

Manchmal, besonders in den schwierigen Lebensphasen, da kann man es auf den ersten Blick schon gar nicht erkennen! Und, mal ehrlich: Wer hat schon Lust auf schwierige Lebensphasen? Wünschen tut sich das wohl keiner, und doch sind es meiner Erfahrung nach gerade die schwierigen Phasen, die am Ende die wertvollsten Erkenntnisse und Geschenke bereithalten. Hindurch gehen muss man ja sowieso - ob man nun will, oder nicht - und wenn dem so ist, dann gehe ich doch entschieden lieber in Hingabe als im Kampf durch diese Zeiten hindurch!

Wieder muss ich an meine Mutter denken. Hingabe in dieser letzten Lebensphase - wie soll das nur gehen? Die Situation zu Hause ist für alle unerträglich geworden. Die ständige Konfrontation mit den ganz normalen Alltagsdingen, die nun auf Grund der Krankheit nicht mehr eigenständig bewältigt werden können, zehrt an den Nerven. Loslassen wäre gut, aber: Wie soll man loslassen, wenn man weiterhin tagtäglich damit konfrontiert ist, was alles bewältigt werden will aber aus eigener Kraft nicht mehr bewältigt werden kann? Nein, so geht das nicht! So kann man keinen Frieden finden.

Es ist an der Zeit, Kontrolle aufzugeben. Es ist an der Zeit, Hingabe zu üben.

Hingabe im Sterben bedeutet doch nichts anderes, als EMPFANGEN zu lernen, und vielleicht - nein, ganz bestimmt sogar - ist gerade DAS das allergrößte Geschenk überhaupt!

Wandlung

Ganz still ist es im Zimmer, nur das leise Atemgeräusch meiner Mutter ist zu hören. Liebevoll betrachte ich sie, wie sie da so liegt, völlig ruhig und entspannt. Ein paar Tage vielleicht noch, bis sie in dieser für uns zurzeit noch ungreifbaren Dimension ihren Platz einnehmen wird. In dieser letzten Lebensphase ist alle Anspannung von ihr abgefallen und einer wachsenden Hingabe gewichen.

Es ist schön, zu beobachten, wie sie mehr und mehr aus der anfänglichen Abwehr in eine von innerer Zustimmung getragene Annahme der Situation hineinwächst. Man hat den Eindruck, je mehr das Leben aus ihrem Körper weicht, desto größer und kraftvoller wird ihre seelische Präsenz.

Bewegte Monate liegen hinter uns. Der Schock der Diagnose, das verzweifelte Wehren gegen die Ausweglosigkeit der Situation. Unheilbar krank! Nein, das wollen wir nicht hinnehmen - es muss doch einen Ausweg geben, eine Therapie, irgendetwas! Wir wirbeln kopflos herum, suchen nach kompetenten Ärzten, studieren Ratgeber und Fachliteratur, surfen im Internet, fahren von Pontius zu Pilatus, suchen nach Lösungen. Dann die Resignation, die Hoffnungslosigkeit, die Verzweiflung: Es gibt NICHTS, was den Krankheitsprozess aufhalten könnte.

Das ist eine bittere Pille!

Die will erst einmal verdaut sein!

Ratlosigkeit. Was können wir tun?

Der erste Schritt ist - wenn auch zutiefst unfreiwillig: Vollkommene Akzeptanz der neuen Gegebenheiten. Da wir alle damit zunächst einmal gründlich überfordert sind, tun wir einfach eine Weile lang so, als ob nichts Besonderes wäre. Mit gespielter Gelassenheit stürzen wir uns in den Alltag und sind froh über diese Ablenkung, die den Schmerz des Unausweichlichen erst einmal im bekannten Tagestrott betäubt. Alles, worüber man sich sonst im

Alltag so aufregt, wird auf einmal zum rettenden Strohhalm. Nie hätte ich gedacht, dass der alltägliche Wahnsinn so gut tun kann!

Trotzdem: Die bittere Wahrheit bleibt. Nachdem wir alle eine Weile lang so getan haben, als ob nichts wäre, holt die Wirklichkeit uns mit Riesenschritten wieder ein. Gegen diese Krankheit ist kein Kraut gewachsen. Punkt! Wir können nichts anderes tun, als zu versuchen, die noch verbleibende Zeit bestmöglich miteinander zu nutzen.

Aber, auch das ist leichter gesagt als getan! Der Versuch, den Alltag möglichst lange „normal" aufrecht zu erhalten, scheitert kläglich.

Diese Zeit ist durch ein permanentes Abschiednehmen geprägt: vom Abschied der Eigenständigkeit. Ich glaube, das ist das Schwerste: erkennen zu müssen, dass man mehr und mehr auf Hilfe angewiesen ist, bis man am Ende, von der krankheitsbedingten Kraftlosigkeit besiegt, kapituliert.

Wer kapituliert schon gerne? Kapitulieren, aufgeben - keine schöne Vorstellung.

Und doch, mit großer Verwunderung erkenne ich, dass selbst in dieser Phase eine heilende Komponente steckt. Dadurch, dass man aufhört, einen Kampf zu führen, den man nicht gewinnen kann, entwickelt sich auf wunderbare Weise mehr und mehr Platz für inneren Frieden. Die Energie, die zuvor im aussichtslosen Kampf gebunden war, wird frei für eine innere Aussöhnung.

Es ist, wie es ist. Der Weg muss gegangen werden. Doch eins ist sicher: Es ist eine enorme Erleichterung, wenn man ihn mit innerer Akzeptanz geht.

Es ist tröstlich, zu erfahren, wie sich die innere Akzeptanz, ganz ohne eigenes Dazutun, mit jedem Tag weiter ausdehnt, bis sie durch einen Akt himmlischer Gnade ganz und gar im Innersten verankert ist.

Obwohl sich die Situation mit meiner Mutter täglich zuspitzt, spüre ich tief innerlich eine wachsende Gelassenheit.

Ich schaue in ihre Augen und sehe: Sie ist bereit für den großen Wandel. Alle Lebensaufgaben sind erledigt, die Kraft ist verbraucht - die Seele will heim!

Kommunikation in dieser Phase ist - wenn überhaupt - nur ganz reduziert möglich. Ab und zu ein einzelnes Wort, bis auch diese Quelle versiegt. Aber ihre Augen sprechen weiter. Sie drücken Freude aus, wenn wir bei ihr sind, und Dankbarkeit bei kleinen Handreichungen.

Dann diese letzte Phase, wo die Augen meist geschlossen sind und der Körper seine letzten Kräfte verbraucht, damit die Ablösung vollendet werden kann.

In den wenigen Augenblicken, wo sie ihre Augen aufschlägt, schaut sie nun nicht mehr auf die Menschen, die neben ihrem Bett sitzen, sondern sie schaut wie gebannt auf einen Punkt am Ende des Zimmers.

Ist da etwas?

Irritiert schaue ich in die gleiche Richtung. Ich kann nichts sehen. Doch die Intensität ihres Blickes lässt keinen Zweifel darüber offen:

Da ist etwas!

Ist es das helle Licht, von dem in zahlreichen Nahtodberichten immer die Rede ist? Oder sind es für uns Lebende nicht sichtbare himmlische Helfer, die meiner Mutter gerade liebevoll ihre helfenden Hände entgegenstrecken?

Beweisen kann ich es nicht, aber ich bin zutiefst davon überzeugt, dass diese Helfer wirklich existieren. Es handelt sich um bereits verstorbene Familienmitglieder und Seelenpartner des sich im Sterbeprozess befindlichen Menschen - Menschen, mit denen wir zu Lebzeiten in Liebe verbunden gewesen sind, und die durch ihren Tod dem Sterbenden vorausgegangen sind in eine körperlose Dimension.

Erleichtert atme ich auf. Ja, das muss es sein. Die himmlischen Helfer sind da!

Es macht nichts, dass ich sie nicht selber sehen kann - Hauptsache meine Mutter kann sie sehen! Ihr Blick ist ganz entrückt, aber gleichzeitig total klar. Nein, das sind keine Phantasiegebilde einer Sterbenden - die Präsenz der himmlischen Helfer ist energetisch spürbar.

Jetzt wird alles gut!

Und tatsächlich:

Ein paar Stunden nach dieser himmlischen Kontaktaufnahme ist meine Mutter ganz friedlich eingeschlafen.

Der große Wandel ist vollbracht.

Erwachsen werden

Wenn beide Elternteile verstorben sind - ist man dann plötzlich kein Kind mehr?

Seltsames Gefühl …

Es hat etwas zutiefst Unwiderrufliches. Auf einen Schlag ist keiner mehr da, der in der Familienhierarchie über einem selber steht. Keine Eltern haben, Niemandes Kind sein, das fühlt sich erst mal richtig komisch an.

Meine Gedanken driften ab – eine kleine Lebensrückschau. Wie so oft erkennt man erst im Verlust den wahren Wert der Dinge. Als Jugendlicher will man sich aus den herrschenden Familienstrukturen befreien. Es werden wilde Diskussionen geführt, Wortgefechte - oft fühlt man sich als Heranwachsender von den Eltern total unverstanden. Dann die Trennung vom Elternhaus, den Eltern „entwachsen", endlich eigene Wege gehen, eigene Entscheidungen treffen, das Leben eigenverantwortlich anpacken.

Das Gefühl der Freiheit genießen, bis man - schneller als einem selber lieb ist - von unvermeidbaren Zwängen eingeholt wird. Einfach nur in den Tag hineinleben und, wie heißt es so schön: „den lieben Gott einen guten Mann sein lassen"? NO WAY! Keine Chance!

Der Ernst des Lebens ruft: Arbeit finden, Verantwortung tragen für das eigene Tun, Entscheidungen treffen. Und dann: lernen, eigene Fehleinschätzungen auszubaden, Orientierung finden, wenn man sich wieder einmal verlaufen hat, stolpern, hinfallen, am Boden sein, wieder aufstehen …

Puh!

Erwachsenwerden ist nicht gerade leicht!

Fragen kommen mir in den Sinn: Wofür bin ich hier? Was ist mein Seelenplan? Was ist meine Lebensaufgabe?

Es hat eine Weile gedauert, bis ich begriffen habe, dass alles, aber auch wirklich ALLES, was im Leben passiert, einen Sinn hat - leider erkennt man den nicht immer gleich!

Trotzdem ist es wahr!

Ich denke an meinen jüngeren Bruder. Ein Jahr nach meiner Geburt hat er das Licht der Welt erblickt, um sich nach ein paar Atemzügen gleich wieder vom Leben auf dieser Erde zu verabschieden. Was macht das für einen Sinn?

Auf den ersten Blick rein gar keinen! Aber jetzt, Jahrzehnte später, am Todestag meiner Mutter, erkenne ich, warum mein kleiner Bruder für diese paar Stunden auf die Welt gekommen ist. Durch seine Geburt wurde ein Band der Liebe zwischen ihm und meiner Mutter geknüpft. Diese Verbindung, dieses Band der Liebe zwischen Mutter und Kind ist, wenn auch für das bloße Auge nicht sichtbar, immer da gewesen.

Als es nun für meine Mutter an der Zeit war, die Schwelle dieser Welt endgültig zu überschreiten und in die höhere Dimension zurückzukehren, da war ihr verstorbener

Sohn einer der himmlischen Helfer, der ihr bei ihrem großen Wandel liebend und hilfreich zur Seite stehen konnte.

Am Ende der eigenen Lebensreise von den geliebten Menschen, die uns in unsere himmlische Heimat vorangegangen sind, heimbegleitet werden zu können - ist das nicht einfach wundervoll?

Soweit, so gut. Ich weiß: Für meine Mutter ist bestens gesorgt. Die Freude darüber, dass sie von ihrem kranken Körper nun endgültig erlöst ist und dass ihre Seele in die himmlische Heimat zurückgefunden hat hilft mir über die eigene Trauer hinweg.

Trotzdem!

Nie mehr Kind sein ... Ich hätte nicht gedacht, dass ich so daran zu knabbern habe. Kleinlaut muss ich mir selber eingestehen, dass die Sache mit dem Erwachsen werden wohl doch noch nicht so ganz abgeschlossen ist!

Und nun?

Suchend wandert mein Blick umher - und bleibt an dem Buch *Seelenkonfekt** hängen.

Mechanisch greife ich danach und schlage willkürlich irgendeine Seite auf. Aha, ein Psalm aus der *Bibel**. Ich lese:

Herr, ich bin nicht hochmütig und schaue nicht auf andere herab. Ich maße mir nicht an, deine Geheimnisse und Wunder zu ergründen. Ich bin zur Ruhe gekommen. Mein Herz ist zufrieden und still. Wie ein Kind in den Armen seiner Mutter, so ruhig und geborgen bin ich bei dir! (Psalm 131, 1-2)

Wie ein Kind in den Armen seiner Mutter?

Aufgewühlt lese ich das anschließende Gedicht:

*In Gottes Liebe wohlig geborgen,
verblassen meine größten Sorgen.*

*Seine Worte – so innig, besonnen,
seine Botschaft – angekommen.*

*Jederzeit ist er für mich da,
seine Liebe ist rein und wahr.*

*Ich kann mich stets auf ihn verlassen,
er lässt selbst Dunkelheit verblassen.*

*Bin ich verzweifelt, wird er nicht weichen,
wird tröstend meine Seele streicheln.*

*Ich kann seine Wunder nicht ergründen,
weiß nur: mit ihm wird alles sich finden.*

*Auch in der allergrößten Not,
finde ich Trost und Heil in Gott.*

*Er schenkt mir Geborgenheit,
von jetzt an bis in Ewigkeit.*

Erleichterung!

Im eigenen Kummer um den Verlust der Eltern verstrickt hatte ich doch glatt für einen Moment die Existenz der kosmischen Eltern vergessen!

Natürlich! Unsere kosmischen Eltern - der himmlische Vater. Für mich ist es Gott, andere nennen ihn große Quelle, Licht, Kosmos, Universum - egal, welchen Namen wir ihm geben - wir sind alle in seiner Gnade geborgen und alle Zeit von ihm getragen.

Gibt es einen besseren Begleiter durch die Wirren des Lebens?

Meine Entscheidung steht fest:

Ich stelle mich dem Leben!

Ich werde erwachsen!

Mutig, und mit offenem Herzen will ich alle Stationen durchwandern, die auf meinem Weg liegen.

Die Gewissheit, dass ich, dass wir ALLE von Gott getragen sind, schenkt Ruhe und Gelassenheit.

Erwachsen werden im Licht und Schutz der göttlichen Liebe und Führung.

Ich bin bereit!

Maßgeschneiderter Paletot

Was ein altes Poesiealbum an Lebensweisheiten doch so alles hergibt: *„Lebe glücklich, lebe froh, wie der Mops im Paletot."* Was für ein Spruch! Leider ohne detaillierte Anleitung, wie man das mit dem Glück und dem froh sein am besten hinbekommt. Im Wörterbuch muss ich erst einmal nachlesen, was ein Paletot eigentlich ist. Aha! Ein Paletot ist ein dreiviertellanger Mantel. Ganz abgesehen davon, dass ich bezweifle, dass ein kleiner Hund sich in einem Paletot wirklich wohlfühlen würde - die Absicht der Aussage ist klar.

Lebe glücklich, lebe froh, wie der Mops im Paletot. Die Zeit ist reif für einen passenden Paletot - und den gibt es nun einmal nicht als vorgefertigte Konfektion. Nein, ich befürchte, die optimale Passform muss sich jeder Mensch im Laufe seines Lebens *selber* maßschneidern.

Der Haken an der Sache ist nur, dass man bei Lebenseintritt nicht automatisch mit einer abgeschlossenen Schneiderlehre auf die Welt kommt! Das ist echt hinderlich! Ich für meinen Teil muss ehrlich zugeben, dass ich mit der Schneiderei nichts am Hut habe. Mein Paletot sitzt dementsprechend!

Stationen des Lebens ziehen an meinem inneren Auge vorbei. In der ersten Lebensphase hat man mit einem Paletot wenig zu tun. Wenn man das Glück hat, in seiner Familie willkommen zu sein, dann wird man zunächst einmal „Paletot-los" geliebt und akzeptiert. Doch beim Heranwachsen beginnt man doch recht schnell, am Schnitt des eigenen Paletots zu basteln - und schon beginnt der Ärger!

Wählt man eine Form, die mit den Eltern und mit dem Rest der Welt am besten kompatibel ist, dann schnürt man sich unweigerlich damit selbst die Seele ein. Entscheidet man sich für einen Schnitt, der einem selber am besten gefällt, dann eckt man damit ständig im Außen an, muss sich erklären, sich verteidigen, sich behaupten.

Anstrengend!

Trotzdem! Es geht nicht anders! Es muss eine individuelle Form sein, ganz und gar nur auf mich passend. Das mit dem „Verbiegen" habe ich schon viel zu lange praktiziert. Warum tut man das eigentlich, sich dermaßen verbiegen?

Neugierig schaue ich mich ganz bewusst in meinem Umfeld um und entdecke dabei etliche Freunde, Verwandte, Kollegen und Bekannte, die es mit dem Verbiegen ganz genauso handhaben wie ich. Ja, sind wir denn alle verrückt? Was steckt nur dahinter? Warum verbiegen wir uns alle so sehr?

Muss irgendwie mit einer großen inneren Sehnsucht nach Liebe und Anerkennung zu tun haben. Ja, das wird es sein: diese große Sehnsucht, dazu zu gehören, mitgetragen zu sein, jederzeit in Liebe angenommen zu sein. Dafür verbiegen wir uns und quetschen uns in Paletots, die vorne und hinten viel zu eng sind. Und damit das dem Rest der Welt nicht auffällt, ziehen wir den Bauch ein und halten die Luft an, damit wir nicht aus Versehen die Knöpfe sprengen!

Schluss damit!

Ich entscheide mich für einen Paletot, der sich wie eine zweite Haut anschmiegt, in den ich mich gemütlich hineinkuscheln kann, wenn das Leben mal wieder schwierig ist. Jawohl! Warm und gemütlich soll er sein - und gleichzeitig federleicht und fließend wie ein Überwurf aus kostbarster Kaschmirwolle.

Und die Farbe? Da gibt es doch so ein schönes Wort aus dem Französischen... ach ja: Die Farbe ist CHANGIEREND. Genau! Changierend!

Changierend bedeutet verschiedenfarbig schillernd. Ich erinnere mich an ein festliches Kleid aus changierender Seide, welches wundervoll schillerte, mal blau, mal grün - je nachdem, wie der Stoff gerade fiel.

Also: Meinen Paletot schneidere ich mir aus einem kuschelig anschmiegsamen, farblich changierenden Material. Zu den Zeiten, wo ich lebenslustig und gut drauf bin, schillert mein Paletot in fröhlichen bunten Farben. Zu den Zeiten, wo ich Schutz in mir selber suche, mögen bedeckte Farben mich sanft einhüllen.

Ja, so ist es gut.

So, jetzt geht es noch an die Verzierung. Welche Applikationen passen zu mir?

Ich denke über das Leben nach und entscheide mich dafür, für jede tiefe Lebenserkenntnis, die sich mir offenbart hat, symbolisch einen kleinen Edelstein aufzunähen. Das ist eine gute Idee. So kann ich mich selbst immer daran erinnern, was ich bisher vom Leben begriffen habe, und ich kann lernen, mich damit auch im Außen zu zeigen. Mit falschen Federn schmücken - nein, dazu habe ich keine Lust. Das mag vielleicht auf den ersten

Blick imposant erscheinen, aber irgendwann hinterlässt es doch nur einen schalen Geschmack!

Soweit - so gut. Zumindest theoretisch.

Aber immerhin! Mit irgendwas muss man ja anfangen. Das Schnittmuster für meinen Paletot ist fertig, der neue Stoff mit den zurzeit passenden Applikationen liegt vor mir bereit. Schneidern kann ich deshalb aber noch lange nicht! Ich brauche einen guten Schneidermeister. Natürlich will ich den Allerbesten! Wo finde ich den?

In den „gelben Seiten"?

Stopp! Jetzt fange ich ja schon wieder an, die Verarbeitung meines Paletots in andere Hände zu legen. Das passt nicht. Nein, das kann nicht richtig sein. Ich muss es selber machen. Schließlich geht es ja um mein eigenes Leben!

Ratlos sitze ich vor dem Schnittmuster und betrachte den Stoff, der darauf wartet, von mir durch meine eigenen Hände zu einem maßgeschneiderten Paletot verarbeitet zu werden. Ich fühle mich überfordert und lege mit einem großen Seufzer erst einmal alles beiseite.

Nach Inspiration suchend ziehe ich wahllos eine Karte aus dem Stapel „Karten der Heilung" von Chuck Spezzano*.

Und?

Aha: MEISTERSCHAFT.

Die Karte hat doch tatsächlich den Titel Meisterschaft.

Witzig!

Neugierig lese ich im Begleitbuch die Bedeutung nach:

„Meisterschaft ... Eine Rückkehr zu deinem wahren Wesen findet statt; du gibst dich selbst wieder Gott zurück und erfährst eine Öffnung für einen Himmel auf Erden ..."

Klingt gut! Und so ganz nebenbei wird in dem Begleittext die Adresse des besten Schneidermeisters gleich mitgeliefert!

Blumentöpfe

Wow! Was für ein schöner Traum! Schnell springe ich aus dem Bett auf der Suche nach den erstbesten Schreibutensilien, die mir in die Hände fallen. Und jetzt: schnell aufschreiben, was ich geträumt habe. Na, wie war das denn noch gerade? Mist!

MIST MIST MIST!

Ich krame hektisch in meiner Erinnerung und versuche, wachen Geistes bei vollem Bewusstsein wieder in den Traum zurück zu tauchen ... Na, das kann ja nicht funktionieren! Ich seufze ein paar Mal tief bedauernd vor mich hin, und finde auf diese Weise - wahrscheinlich bedingt durch die Tiefe der Atemzüge - wieder ein Stück in meine Ruhe zurück.

Ich rekapituliere: Der Traum, das Bild, die Geschichte in allen Einzelheiten ist schon weitergezogen, aber das GEFÜHL, das ich im Traum hatte, das ist geblieben. Und das fühlt sich wirklich gut an. Irgendwie nach angenommen sein, akzeptiert sein, geliebt sein und immer weiter geliebt werden - völlig unabhängig davon, wieviel Fehler man schon gemacht hat, oder ob man gerade vielleicht wieder einmal dabei ist, irgendwelchen Mist zu verzapfen. Genau! Das war die Essenz.

Was ich im Traum gemacht habe, das weiß ich nicht mehr im Einzelnen, aber es ging irgendwie um einen gravierenden Fehler, den ich zu verantworten hatte. Durch diesen Fehler bedingt habe ich die Menschen in meinem Umfeld in große Schwierigkeiten gebracht. Es muss etwas Schwerwiegendes gewesen sein, denn ich hatte das bedrückende Gefühl: Ach, wäre ich doch gar nicht erst geboren worden, ohne mich wäre das doch alles gar nicht erst passiert!

Und dann, in tiefer Verzweiflung, plötzlich innerlich die Frage:

Wie hätte das Leben denn ausgesehen für Freunde, Familie, Kollegen, für all' die Menschen, die mir auf meinem Lebensweg irgendwo - irgendwann - irgendwie bisher begegnet sind: Wäre es wirklich für ALLE besser gewesen, wenn es mich auf der Welt nie gegeben hätte?

Und dann - naja, das gibt es eben nur im Traum - also dann zieht doch tatsächlich mein Leben *ohne* mich vor meinem inneren Auge vorbei.

Das ist ja spannend! Mit einem Schlag erkenne ich, dass es trotz meiner vielen Unfähigkeiten und Unzulänglichkeiten und trotz der vielen Fehler, die ich bisher begangen habe doch irgendwie wichtig zu sein scheint, dass es mich gibt.

Ich erkenne: Es stimmt nicht, dass die Welt besser dran wäre, wenn es mich nicht gäbe. Und wer auch immer dieser Meinung über sich selber sein sollte, dem möchte ich hier und jetzt mit allem Nachdruck sagen: Es stimmt nicht, dass die Welt ohne Sie besser dran wäre.

Es ist gut, dass es Sie gibt!

Jawohl!

Und: Nein, Ausnahmen hierzu gibt es nicht!

Es gibt einen alten Spielfilm aus dem Jahr 1946, der jedes Jahr zu Weihnachten wiederholt wird. Ein echter amerikanischer „Schinken" mit dem Titel *„Ist das Leben nicht schön"*. Ich glaube, hierzu gibt es genau zwei Fraktionen: entweder, man findet diesen Film total kitschig-grässlich, oder eben absolut grandios-schön.

Erzählt wird die Geschichte des zutiefst verzweifelten George Bailey, der wegen eines sehr großen Missgeschicks vor dem finanziellen Aus steht und sich in der Weihnachtsnacht dazu entschließt, von einer Brücke zu springen, um seinem Leben ein Ende zu setzen. Doch kurz vor dem Sprung kommt der Engel Clarence in Menschengestalt auf ihn zu und zeigt ihm auf, wie die Welt gewesen wäre, wenn es ihn, George Bailey, nicht gegeben hätte.

Natürlich gibt es ein vor tiefer Rührung und Schmalz triefendes happy-end. Zum guten Schluss liegen sich alle glücklich in den Armen und alles ist gut.

Naja, ich gebe zu: „Kitsch as Kitsch can". Aber trotzdem ...die Essenz des Films ist einfach wunderbar!

Ich halte inne, denke über das Leben nach und schaue einen kleinen kontemplativen Moment in mich selbst hinein. Die Erkenntnis, die sich durch diesen Blick nach innen abzeichnet, ist keineswegs spektakulär. Nein, ganz im Gegenteil.

Auf schlichte Weise stelle ich verblüfft fest, dass alles, was bisher gewesen ist, und alles, was sich momentan abspielt, richtig ist - und zwar genau SO, wie es gerade ist!

Ich muss über mich selber lachen. Mit der Einfachheit dieser Aussage lässt sich in der Welt der erleuchteten Lebensratgeber und Glücks-Coaches sicherlich kein Blumentopf gewinnen!

Na und? Muss ich denn einen Blumentopf gewinnen?

Vielleicht ist es ja um vieles heilsamer, ein Blumentopfgeschäft mit ganz EIGENEN Blumentöpfen zu eröffnen, anstatt ständig der Verleihung von „Fremd-Blumentöpfen" entgegen zu fiebern.

Die Idee gefällt mir. Spontan mache ich einen Ausflug in meine innere Bilderwelt. Einige Blumentöpfe sind zerbrochen und machen einen recht traurigen Eindruck. Aber es gibt auch jede Menge bunt bemalter Exemplare in allen Farben, die um die Wette leuchten. Alle Blumentöpfe stehen unsortiert auf demselben Regal. Das sieht komisch aus. In einem Fachgeschäft würden die zerbrochenen Töpfe direkt aussortiert und im Müll landen, und nur die makellosen Exemplare würden zur Ansicht ausgestellt. Einen Augenblick lang bin ich versucht, mein inneres Bild zu korrigieren und nur die schönsten Töpfe stehen zu lassen. Doch schnell merke ich, dass dieses Bild nicht stimmig ist. In seiner Perfektion wirkt es jetzt auf eine höchst bizarre Weise seelenlos. Es fehlt die Authentizität. Im wahren Leben zerbrechen doch so einige Blumentöpfe!

Man muss die beschädigten Exemplare vielleicht nicht gerade in der ersten Reihe ausstellen. Aber ganz sicher gehören sie dazu!

Spontan beginne ich, meine Blumentöpfe zu sortieren. Der Einfachheit halber gehe ich zunächst einmal chronologisch vor. Als ich fertig bin, stelle ich verwundert fest, dass sich ein immer wiederkehrendes Muster gebildet hat: In regelmäßiger Reihenfolge wechseln sich zerbrochene Töpfe mit unbeschädigten Exemplaren ab. Das ist ja interessant!

Auffällig ist, dass der Blumentopf, der unmittelbar neben einem zerbrochenen Exemplar steht, immer ein unvollendeter „Rohling" einer ganz neuen, bisher noch nicht dagewesenen Variante ist – sei es in Form, Farbe, oder Bemalung. Die darauf folgenden Töpfe sind dann die stufenweise Vervollständigung des Rohlings zu einem einzigartigen, wunderschönen Blumentopf.

Dann wieder eine Lücke im Regal - eine kontemplative „Atempause" - und darauf folgen wieder Scherben …

Mein Lebensweg in Blumentöpfen!

Ein Lied von der Gruppe Byrds kommt mir in den Sinn: *To everything - turn, turn, turn there is a season - turn, turn, turn …*

In der *Bibel** gibt es auch so einen Text, unter Salomo 3, 1-8 steht: „*Jedes Ereignis, alles auf der Welt hat seine Zeit:*

Geboren werden und Sterben, Pflanzen und Ausreißen, Töten und Heilen, Niederreißen und Aufbauen, Weinen und Lachen, Klagen und Tanzen, Steine werfen und Steine sammeln, Umarmen und Loslassen, Suchen und Finden, Aufbewahren und Wegwerfen, Zerreißen und Zusammennähen, Reden und Schweigen, Lieben und Hassen, Krieg und Frieden."

Tja, so ist das wohl im Leben:

Alles hat seine Zeit!

Vor meinem inneren Auge trete ich jetzt einen Schritt zurück und betrachte meinen Blumentopfladen eingehend. Auch wenn die diversen Scherbenhaufen mein Herz nicht gerade aufjauchzen lassen, so finde ich es doch beruhigend zu sehen, dass jedem Bruchstück unweigerlich eine ganz neue Blumentopfvariante folgt.

Ein paar Regale in meinem virtuellen Blumentopfgeschäft stehen noch leer, ein paar Töpfe fehlen noch.

Wie sie wohl aussehen werden?

Dienstschluss

Eine Patientin ruft an. Sie ist verzweifelt und am Ende ihrer Kräfte. Alles ist zu viel. Der Job, die Familie, Bekannte, die ihre Hilfe benötigen, und jetzt, zu all' dem noch eine entfernte Verwandte, die ganz plötzlich alleinstehend ist und am liebsten rund um die Uhr von meiner Patientin betreut werden möchte. Dabei stehen sich die beiden vom Herzen her gar nicht wirklich nahe. Aber, was heißt das schon, wenn die Pflicht ruft!

Man muss schließlich immer nett und hilfsbereit sein, nicht wahr? Egal, auch wenn es die eigenen Kräfte übersteigt und die eigene Gesundheit darunter leidet, frei nach dem Motto: „Ob's stürmt oder schneit, ich bin allzeit für EUCH bereit!"

Na prima!

Dienen bis zur Selbstaufgabe. Wenn wir da mal nicht bezüglich Nächstenliebe etwas ganz gehörig missverstanden haben!

Dieses Lebensmodel kann auf Dauer nicht funktionieren, denn: Wenn alle Kräfte aufgebraucht sind, wie soll man dann noch weiter dienen?

Da stimmt doch was nicht! Empört beginne ich, auf meine Patientin einzureden: „Wieso tust du das alles? Wo bleibst du selbst? Wieso kümmerst du dich so wenig um dich? Wieso bist du so maßlos im Geben nach Außen und gibst dir selber so wenig? Den Bedürftigen kann man keinen Vorwurf machen, es ist klar, dass sie um Hilfe bitten, aber: Wie sieht es mit der eigenen Bedürftigkeit aus? Zählt die etwa Nichts? Hat man nicht zuallererst einmal die Pflicht, sich um sich selber zu kümmern, damit die Kraft nicht versiegt, die man weitergeben möchte?"

Verdutzt halte ich in meiner Predigt inne. Spreche ich hier eigentlich meine Patientin, an, oder rede ich hier gerade zu mir selbst?

Oha! Hier muss ich wohl zuerst einmal an meine eigene Nase packen!

Dienen!

Eigentlich fühlt es sich ja richtig an, füreinander da zu sein. Zum Problem wird es erst dann, wenn man sich selber dabei aus den Augen verliert. Ja, genau: Das ist der Knackpunkt.

Die Lösung: Das richtige Maß finden! Das ist nicht einfach - aber möglich! Ein guter Trick wäre zum Beispiel, sich selbst mit seinen eigenen Bedürfnissen wenigstens GENAUSO wichtig zu nehmen, wie die Personen, denen man jederzeit hilfreich zur Seite steht. Das wäre doch schon mal ein Anfang …

Ich spüre in diese Idee hinein.

Mir Zeit nehmen … „nur" für mich.

Herrlich!

Oh! Schon meldet sich mein schlechtes Gewissen. Diese Zeit könnte ich doch nun wirklich nützlicher verbringen. Ich könnte zum Beispiel XY dabei helfen, …

Nein! Stopp! Heute greife ich mir selber unter die Arme. Meine eigene Quelle muss schließlich auch aufgefüllt werden.

Trotz anfänglich starker Gewissensbisse bleibe ich heute sehr konsequent dabei, mich ganz bewusst zurückzuziehen.

Das ist echt heilsam!

Ich spüre, es hat Vorteile auf ganzer Linie: Je öfter ich mir selber Auszeiten erlaube, desto mehr Kraft habe ich auch wieder für Andere zur Verfügung.

Eine perfekte „Win-Win-Strategie".

Muss ich üben.

Will ich üben.

Also, für heute:

DIENSTSCHLUSS!

Kirschbaumweisheit

Das ist doch echt verflixt. Die Idee mit dem Dienstschluss gestaltet sich doch recht schwierig in der Ausführung. Mist! Da muss ich irgendwie anders herangehen. Wenn ich den Dienstschluss „erzwinge", dann ist er nichts wert.

Mein Blick fällt auf eine Postkarte. Meine Freundin Sabine hat sie mir geschickt. Auf dem Bild ist eine Wiese mit bunten Blumen. Kleine, bunte Schmetterlinge tanzen um die Blütenkelche herum. Wunderschöne Bäume zieren den Rand der Wiese. In der Mitte der Lichtung eine tanzende Fee mit Blüten im Haar. Auf der Rückseite ein Gedicht aus der Feder meiner Freundin:

Leben ist ein Tanz, das geht nur ohne Distanz! Fest verankert wie der Baum und flexibel wie die Blumen am Wiesensaum. So erfährst du das Wunder und Leben wird runder. In Harmonie mit der Natur ist das Leben wie eine wunderbare Kur!

„Leben ist ein Tanz, das geht nur ohne Distanz." Stimmt! Will man mittanzen, dann muss man die Distanz über Bord werfen und sich hineintrauen in die Lebendigkeit mit allen Risiken und Gefahren. Das Geschenk des Lebens bewusst annehmen und aus dem Herzen heraus einfach mittanzen. Ich erkenne, dass ich oft zu zögerlich bin. Es geht doch gar nicht darum, den Tanz des Lebens perfekt zu beherrschen. Nein, es geht einzig und allein darum, mitzutanzen – am besten *„fest verankert wie ein Baum und flexibel wie die Blumen am Wiesensaum."*

„In Harmonie mit der Natur ist das Leben wie eine wunderbare Kur" – der Gedanke gefällt mir sehr. Ich lasse meinen Blick schweifen. Die Osterglocken blühen schon, dazwischen bunte Tulpen. Es ist Frühling. Wo ich hinschaue sprießt es, grünt es, beginnt etwas zu blühen. Die Bäume treiben aus - zarte, kleine, weiche, grüne Blättchen, manche sind noch eingerollt und sehen aus wie kleine Korkenzieher. Und die unzähligen malerischen Blüten der Obstbäume... eine schöner als die andere.

Einfach unbeschreiblich. Eine Explosion der Schönheit, Ausbruch puren Lebens. Es ist ansteckend - ob man will, oder nicht.

Ich stelle mich unter einen einladend großen Kirschbaum mit unzähligen weißen Blüten und lasse mich von der Faszination dieser Pracht berühren. Und dann fängt es an in mir zu kribbeln: das Leben, das pure Leben. Der Kirschbaum lebt ihn mir vor, den immer wiederkehrenden Kreislauf des Lebens:

Heranwachsen, feste Wurzeln bilden, Blüten austreiben, sich befruchten lassen, eigene Früchte bilden, reifen lassen, Früchte verschenken... Dann, im Herbst, die alten Blätter abwerfen, Rückzug, Winterschlaf... bis alles im Frühjahr wieder neu erwacht und von vorne beginnt.

Leben!

Einfach leben!

Etwas neidisch stelle ich fest, dass der Kirschbaum wahrscheinlich keinen blöden Verstand hat, der ihm ständig ins Leben quatscht. Er wählt auch nicht aus, wem er sich zeigen möchte, wem er seine ganze Sympathie entgegenbringt, wen er mit seinem Anblick erfreuen möchte und wen er mit seinen süßen Kirschen kulinarisch beglücken kann.

Ich glaube auch nicht, dass er sich in Selbstzweifeln ergeht, wenn mal nicht jede Blüte bestäubt worden ist und die Ernte mal etwas magerer ausfällt ... das nächste Frühjahr kommt bestimmt!

Kirschbaumweisheit: die ganz und gar pure Hingabe an das Leben selbst. Austreiben, blühen, sich befruchten lassen, Früchte reifen lassen, Früchte verschenken. Wer sich daran erfreuen kann: gut! Wer achtlos daran vorübergeht: auch gut! Was kümmert es den Baum? Unbeirrt wird er weiterhin seine Bestimmung leben - nicht mehr und nicht weniger…

…und für einen glücklich erfüllten Moment lang werde ich vom puren Sinn des Lebens berührt.

Krönung

Nein - das hier ist keine Reklame für eine bestimmte Kaffeesorte - obwohl ich bei diesem Titel sofort Lust auf einen Kaffee verspüre... Nein, das hier ist die wahre Geschichte von einer ECHTEN Krönung. Und ich durfte dabei sein! Ich MUSS dieses Erlebnis einfach aufschreiben - es war so schön!

Als die neue Patientin in meine Praxis hineinspaziert, da habe ich noch keine Ahnung davon, was mich erwartet. Sympathie auf den ersten Blick, dann das übliche Prozedere: Begrüßung, Garderobe ablegen, Platz anbieten, ein Glas Wasser einschenken, Anamnese beginnen. Ich bin altmodisch, ich mache immer noch alles „zu Fuß" - mit Block und Bleistift. Nur kurze Stichpunkte notieren - so kann ich mich am besten auf das Zuhören konzentrieren.

Worum geht es?

Aha, Kopfschmerzen.

Ständig wiederkehrende Kopfschmerzen. Wie - wo - wann melden sich die Kopfschmerzen? Aha, immer bei Anspannung. Was löst denn Anspannung aus? Stress im Beruf, in der Familie, zu Hause?

Pause.

Überlegen...

Dann, etwas zögerlich, wie zu sich selbst: Eigentlich ist alles gut, Erfüllung im Beruf, ein gesundes Kind, nach erster Ehe jetzt eine neue Partnerschaft ... Begeistert erzählt sie von ihrem neuen Glück. Ihr Lebenspartner ist Akademiker. Im neuen Bekanntenkreis haben alle studiert. Alle sind Akademiker. Sie selbst hat nicht studiert, aber sie strengt sich an, um mitzuhalten - schließlich ist sie ja „nur" Krankenschwester!

Wie bitte???

NUR Krankenschwester???

Einen kurzen Moment lang bleibt mir die Luft weg. Nur Krankenschwester! Was ist denn das für eine Bewertung?

Sind Akademiker mehr wert als Krankenschwestern?!

Oft habe ich in meiner Praxis Patientinnen, die sich als „nur" Hausfrau und Mutter betiteln. Was für ein Statement: „Nur" Hausfrau und Mutter. Ich bitte Sie! Das muss man erst einmal leisten können! Ein Familienunternehmen am Laufen zu halten mit allem Drum und Dran. Das verdient absolute Hochachtung!

Was haben wir nur für Bilder von uns selber im Kopf? Wo bleibt die Ehrung der eigenen Gaben und Talente?

Ich betrachte meine neue Patientin. Hübsch ist sie, von natürlicher Schönheit. Wie sie dort auf ihrem Stuhl sitzt, bescheiden in sich gekehrt, weil sie ja „nur" Krankenschwester ist. Ihr wird klar, dass sie in den Spannungskopfschmerz rutscht, sobald sie sich in der Welt der Akademiker „behaupten" muss. Sie setzt sich dann selber unter Druck und ihr Kopf reagiert mit den symptomatischen Schmerzen.

Soll ich ihr jetzt eine ausführliche Predigt halten über Selbstbewusstsein und Selbstwertgefühl?

Was nützt es denn, wenn ich ihre Talente und Gaben erkenne, sie selbst aber ihre eigenen Talente nicht wahrnimmt?

Nein, keine Predigt! Die erreicht ja doch nur den Verstand - das hilft nicht wirklich weiter. Nein, ich brauche etwas anderes, ein Bild, was in ihrer Seele, in ihrem Herzen, in ihrem Lebensgefühl zu sich selber Anker werfen kann.

Mir fällt etwas ein. Zum 80. Geburtstag meiner Mutter hatten wir damals einen Puzzlewettbewerb gemacht. Die Gewinner wurden zum Abschluss mit goldenen Pappkronen feierlich geehrt. Diese Kronen, die müssten doch noch irgendwo sein … Ich wühle in meinem Schrank herum und finde sie in der hintersten Ecke. Ja, hier sind sie. Wunderbar! Ohne große Worte greife ich nach einer goldenen Pappkrone und setze sie meiner Patientin feierlich auf den Kopf. Dann nehme ich sie an die Hand und gehe mit ihr zum Spiegel.

Den Bruchteil einer Sekunde lang schaut sie völlig verdutzt drein - dann verziehen sich ihre Lippen wie von selbst zu einem ganz wunderschönen Lächeln. Ihre Augen funkeln glücklich und beseelt.

„Das bin ich??? Ja! Das bin ich!!!"

Wir brauchen keine sinntriefenden Worte, keine ausschweifenden Erklärungen - die Seele versteht ganz ohne Worte.

Den eigenen Wert wieder erkennen, sich selber von Herzen wieder wertschätzen, das ist einfach wunderbar.

Wann haben Sie das letzte Mal ihre Krone aufgesetzt?

Jeder ein König!

Jede eine Königin!

Perlen

Vor einigen Jahren habe ich ein gutes Buch über Träume gelesen. Den Titel habe ich nicht mehr präsent, wohl aber die im Anleitungsteil vorgeschlagene Übung. Man solle sich abends, vor dem Einschlafen, einen Traum wünschen, ein inneres Bild, eine Antwort auf eine Frage. Dann solle man sich ganz feste vornehmen - ja, geradezu selber „befehlen" - sofort nach Traumende von selber aufzuwachen, damit man sich an das Geträumte erinnern kann. Am besten Papier und Bleistift griffbereit auf dem Nachtisch deponieren, damit man sich im Halbschlaft ein paar kleine Notizen über den Traum machen kann - auf diese Weise kann er nicht verloren gehen. Morgens beim Aufwachen, wenn man wieder Herr seiner Sinne ist (mehr oder weniger!) reicht ein Blick auf diese nächtlichen Notizen, und der Traum ist in seiner ganzen Fülle wieder da.

Das soll funktionieren?

Ja, mit ein wenig Übung funktioniert es auf jeden Fall - bei jedem! Es ist spannend und zutiefst aufschlussreich, wenn man mit der Zeit seine eigene Traumsprache Stück für Stück selber entschlüsseln kann.

In vielen klugen, esoterischen Ratgebern liest man immer wieder: „Die Lösung steckt in dir selbst." Das ist sicherlich richtig, nur: Wie soll man dran kommen? Therapiestunden belegen, Selbstfindungskurse abonnieren, Wahrsager aufsuchen, Coaching Programme absolvieren? Es gibt unendlich viele Möglichkeiten, der Markt boomt.

Es stimmt: Den allerbesten Lebenscoach findet jeder in sich selbst. Nur seine Sprache ist gewöhnungsbedürftig, denn statt Worte benutzt er Impulse. Alles, was er sagt, muss erst einmal am Verstand vorbeikommen! Der Verstand ist wie ein Zollbeamter an der Grenze, er will ALLES kontrollieren, jeden Gedanken filzen. Was er nicht versteht oder als Gefahr ansieht, das wird ganz einfach beschlagnahmt und darf die Grenze nicht passieren.

Zu dumm!

Um das zu verhindern, kommuniziert der innere Coach über Impulse. Egal, worum es auch gehen mag – der ERSTE Impuls ist immer richtig! Der erste Impuls ist die Sprache unserer inneren Instanz, unser göttlicher Funke, unser Richtungsweiser.

Nach dem ersten Impuls folgt allerdings immer sofort der Verstand, der alles direkt kommentiert und abwägt und aus purer Unwissenheit heraus - er ist ja um so vieles kleiner als unser inneres Licht - viele einfache Lösungen total verkompliziert.

That's life!

Nur gut zu wissen, dass die Seele sich davon nicht beirren lässt und letztendlich doch immer ihren Weg findet. Der Zöllner muss ja irgendwann auch einmal schlafen! Die Seele schläft nie. Tagsüber sendet sie Impulse und Inspirationen, und nachts, wenn das Bewusstsein schläft, dann sind es die Träume, die sie als Sprachrohr wählt. Es lohnt sich wirklich, die eigene Traumsprache zu entschlüsseln. Es ist so spannend!

Oft wünsche ich mir kurz vorm Einschlafen ein Lösungsbild zu einer Sache, die mich sehr beschäftigt. Vielleicht kommt die rettende Idee ja im Schlaf?!

In Gedanken gebe ich eine Bestellung auf, eine Bestellung an das Universum, eine Anfrage an Gott, einen mentalen Aufruf an himmlische Helfer und Seelenverwandte.

Im Traum sehe ich eine Landkarte, einen kleinen Kontinent im Meer. Der Rand des Kontinents ist zu einem großen Teil von einer schimmernden Perlenreihe gesäumt. Eine Perle neben der anderen - wie eine überdimensionale Perlenkette, die das Land an der Grenze zum Meer einfasst.

Schönes Bild! Was mag es bedeuten? Ist jeder von uns sein eigener Kontinent, der im Laufe seines Lebens Perlen der Erkenntnis sammelt - so lange, bis der

Perlenkreis geschlossen ist und wir wieder zurück ins große Universum eintauchen?

Ich riskiere es, belächelt zu werden. Egal. Das trage ich mit Fassung. Das Bild mit dem perlenumsäumten Land ist einfach zu schön. Ich möchte es weitergeben. Es soll Freude bringen und Mut machen - Mut zum Leben, Mut, den eigenen Lebensweg unbeirrt weiter zu gehen, voller Vertrauen und in der Gewissheit, dass unsere Seele, unser göttlicher Funke, uns immer in die Lösung führt.

Sammeln wir unverzagt weiter Perlen - so viele Kostbarkeiten liegen noch bereit ...

Lebenszusage

Was ist denn jetzt schon wieder los? Mist! Schon wieder so viel Schwere, Mutlosigkeit, Verzagtheit. So ein inneres Gefühl, als wäre ich am falschen Platz, im falschen Film. Traurig, verwirrt, entwurzelt. Was ist denn nur los mit mir? Großspurig von Perlen des Lebens schreiben und dann mein eigenes nicht richtig auf die Reihe bekommen – na prima!

Mein innerer Kritiker verpasst mir die volle Breitseite. Das kann ich besonders gut - mich selber fertig machen! Den Schlüssel zu Freude und Leichtigkeit habe ich wohl mal wieder vermasselt. Wo soll ich ihn suchen? Am besten gehe ich nach draußen, in die Natur, vielleicht haben die Bäume ja einen Rat für mich. Natürlich regnet es gerade - wie passend! Egal. Ich geh' trotzdem ...

Regenjacke, Schal, Wanderschuhe, Autoschlüssel, ich fahr' zum Wald. So früh morgens ist noch nichts los auf den Straßen, und auch der Waldparkplatz ist noch leer. Als ich die Autotür öffne, empfängt mich ein fröhlich lautes Vogelgezwitscher. Wahnsinn. Wie können diese kleinen Piepmätze ein solches Stimmvolumen haben? Es ist einfach herrlich - ein regelrechtes Vogelkonzert! Ich konzentriere mich auf das Gezwitscher und merke, wie ich innerlich ruhiger werde. Die frische Luft, das Vogelkonzert, die großen Bäume, majestätisch gelassen in Wind und Regen - die Natur ist einfach heilsam und wunderschön.

Auf dem Waldboden kleine Walderdbeeren, perfekte kleine rote Kunstwerke. Einige sind durch den Regen zerschlagen. *„Werden - leben - vergehen"* kommt mir in den Sinn. Wer weiß schon, wie lange das eigene Leben hier auf der Erde dauern wird? Es kann vorbei sein, in 10 Jahren, in einem Jahr, in einem Monat, oder vielleicht morgen? Die Lebenszeit ist endlich - das macht sie so kostbar. Wie gehe ich mit dieser Kostbarkeit um? Was ist WIRKLICH wichtig im Leben?

Wenn ich mir vorstelle, dass mein Leben morgen zu Ende geht, dann bleibt nur eins, was in der Rückschau wirklich wichtig ist: von Herzen geliebt zu haben und geliebt worden zu sein.

Ja, das ist es! Nicht mehr - nicht weniger.

Und? Wie sieht es aus mit der Liebe?

Puh ...

Immer wieder tapse ich in die gleiche Falle: die eingeschränkte Eigenliebe. Wie ein kleines Pflänzchen, was ich immer wieder vergesse, genug zu gießen... Aber es muss gegossen werden. Es muss <u>von mir selber</u> gegossen werden, das ist wichtig! Egal, wie unvollkommen ich mir vor meinem inneren Auge auch vorkommen mag.

Jeden Morgen ziehe ich eine Karte aus dem Kartenset *„Karten der Heilung"* von *Chuck Spezzano** - eine kontemplative Nahrung für die Seele, bevor ich in den Tag hinausgehe. Ich mische die Karten.

Neugier: Welche Botschaft wird mich wohl heute erreichen?

Aha! Die Karte „Selbstwert" - wie passend!

Im Begleitbuch lese ich: *„Gott hat unseren Selbstwert in seiner Schöpfung begründet. Jetzt ist es wichtig für dich, zu erkennen, wieviel Wert du hast. Dieser Wert ist dir gegeben worden, als du erschaffen wurdest, und er kann nicht geändert werden!"*

Und ein paar Zeilen darunter:

„…wir sind von unschätzbarem Wert, weil wir Kinder Gottes sind, und ER hat seine Meinung über uns nicht geändert …"

Schönes Gefühl, einfach so um seiner selbst willen geliebt zu werden. Es ist meine innigste Überzeugung, dass wir ALLE bedingungslos von Gott geliebt und uneingeschränkt angenommen sind. Auch wenn wir „schräg" drauf sind, wenn wir Fehler machen, wenn wir mal wieder „nichts gebacken kriegen" …

Mag sein, dass Gott dann nicht gerade begeistert ist, aber lieben tut er uns trotzdem weiter - oder würde eine Mutter ihr Kind nicht mehr lieben, nur weil es irgendeinen Mist verzapft hat?! Sicher, sie wird vielleicht verärgert sein, aber die Liebe zum Kind bleibt doch bestehen!

Ich glaube, es ist zu allererst einmal eine wirklich gute Idee, sich selber die eigenen Fehler und Unzulänglichkeiten zu vergeben und zu üben, sich selbst mit den Augen der Liebe zu betrachten. Wie wär's denn zur Abwechslung mal mit einer ausgedehnten Partie Selbstakzeptanz?

Oho! Dieses Wort fordert direkt meinen inneren Kritiker heraus! Er rebelliert bereits kräftig.

Aber heute hat er keine Chance bei mir. Nein, nein, bevor er mich jetzt wieder fertig machen kann, greife ich lieber schnell zu meinem Buch *Vom Leben berührt** und schlage mein Lieblingsgedicht mit dem Titel „*Heilung*" auf. Ich lese:

*Die Liebe ist die größte Kraft,
sie ist es, die Heilung schafft.*

*Mag es auch schwarze Gedanken geben,
die uns erreichen, die uns quälen,*

*dann hüllen wir sie in Liebe ein,
so werden sie still, so werden sie klein.*

*Liebe löst das Schwarze auf,
so nimmt Heilung ihren Lauf.*

*Die Liebe heilt alles, das ist gewiss,
alles ist gut, wo Liebe ist.*

So ist das also. „*Die Liebe heilt alles, das ist gewiss - alles ist gut, wo Liebe ist*". Jetzt muss ich das mit der Liebe nur noch irgendwie in die Tat umsetzen.

Nur noch! Ha, ha!

Wie fange ich das denn am besten an?

Vielleicht erst einmal zu mir selber nett sein, schauen, was mir Freude macht, mal etwas Verrücktes tun, ganz und gar unproduktiv, mir kleine Auszeiten genehmigen, mal etwas anders machen, etwas wagen, mich ins Leben trauen, etwas Neues entdecken, mir selber ein paar bunte Blumen schenken, mir meine Lieblings-DVD einlegen und dazu ein dickes Stück Streuselkuchen genießen, es mir selber schön machen, auf mein Herz hören, die eigenen Bedürfnisse <u>genauso</u> ernst nehmen wie die Bedürfnisse der Menschen, die mir wichtig sind, mein Herz öffnen für mich, für dich, für euch, für das Leben.

Es hat aufgehört zu regnen. Einige Wolken stehen noch am Himmel, aber es sind auch schon wieder jede Menge blaue Flecken zu sehen. Es lichtet sich. Wie schön.

„Mach dich auf, werde Licht" heißt es im Alten Testament bei dem Schriftpropheten Jesaja.

Und *Edith Stein**, die große Philosophin und Heilige sagt:

„Je dunkler es hier um uns wird, desto mehr müssen wir die Herzen öffnen für das Licht von oben."

Der Himmel spiegelt das Leben wieder. Nicht immer strahlend blau, nicht immer sonnig. Manche Zeiten wolkig, trostlos, dunkel, von Trauer, Kummer und Sorgen überschattet. Das ist nun mal so. Da müssen wir alle durch. Aber: es bleibt nicht so!

Nichts bleibt auf ewig so, wie es gerade ist. Alles ist Veränderung - kein Gewitter, keine Wolke kann ewig bleiben. Sie regnet ab, und dahinter öffnet sich wieder der strahlend blaue Himmel.

Ich glaube, der Schlüssel zum erfüllten Leben ist das Leben selbst - mit allen Emotionen, mit allem, was dazu gehört. Getragen in der Liebe Gottes mutig vorangehen, offen sein für das, was ist und für alles, was kommen mag.

Und egal, was ist oder was sein wird: Immer aus dem Herzen heraus leben, das Herz öffnen für das Licht von oben, dem Herzen folgen. Lieben!

„Die Liebe ist die größte Kraft, sie is es die Heilung schafft"

Klingt wie der Himmel auf Erden! Aber ich bin nicht blauäugig – ich weiß, dass man manchmal vor lauter Wolken den Himmel nicht mehr sehen kann...

Trotzdem: Ich trau' mich. Ich sage JA zum Leben - ich mache eine Lebenszusage! Jawohl! Aus vollem Herzen sage ich jetzt zu! Ich nehme den Schlüssel zum Leben in Empfang, wohlwissend, dass ich nicht abschätzen kann, was mich erwarten wird. Noch einmal greife ich zum Buch *Vom Leben berührt.** Ich lese:

Mein Leben - ein großes Abenteuer,
manchmal ist es mir nicht geheuer.

Schmerzen und Ängste machen sich breit,
Sorgen vergiften kostbare Zeit.

Und doch ist Leben ein großes Geschenk,
von Engeln begleitet, von Gott gelenkt.

Die Seele bereit für Erfahrungen,
das Herz empfängt Offenbarungen.

*Alles ist Wachstum, Änderung, Wandlung,
Stille beschenkt mich ganz ohne Handlung.*

*Gutes und Schlechtes hab' ich erfahren,
das erste birgt Glück, das zweite Narben.*

*Liebe heilt alle verkrusteten Wunden,
Vergebung befreit von qualvollen Stunden.*

*Ich erlebe Verlust, ich erlebe Gewinn,
alles darf sein, alles hat Sinn.*

*Vielfalt des Lebens erkennen, begreifen,
aus Fehlern lernen, an Aufgaben reifen.*

*Mutig, offen, authentisch leben,
Liebe verschenken, alles geben.*

*Zu jeder Zeit von Gott geführt,
geh' ich meinen Weg - vom Leben berührt.*

Also, auf! Lieben, leben, mit Freude und Gelassenheit in die Zukunft gehen – zu jeder Zeit von Gott geliebt und geführt. Den Verstand öfter mal auf Urlaub schicken! Aus dem Herzen heraus leben!

Verstand an Herz: Verplempere keine Zeit! Mach' lieber etwas Sinnvolles. Kümmere dich um deine Lebensaufgabe. Lieben! Hast du nichts Besseres zu tun?

Nein! Ich glaube, nicht!

Pater Alfred Friedrich Delp* schrieb einmal: *„Wenn durch einen Menschen ein wenig mehr Liebe und Güte, ein wenig mehr Licht und Wahrheit in der Welt war, dann hat sein Leben einen Sinn gehabt".*

Welcher Sinn könnte schöner sein?

Anhang

Schlüsselbrett

Idee: Ich zimmere mir ein Schlüsselbrett.

Da hänge ich alle Schlüssel dran, die mir wichtig sind. Und jeden Morgen fische ich mir als erstes blind einen Schlüssel heraus, der mir an diesem Tag eine Tür öffnet in einen Raum, in dem ich ein paar Minuten mit meinen Gedanken verweile, bevor ich in den Tag hinausgehe. Ein kleiner Moment der kontemplativen Einstimmung, bevor der tägliche Wahnsinn beginnt.

Natürlich hängt mein Schlüsselbrett lange noch nicht voll - aber das kann ja wachsen. Die Schlüssel, die ich bis jetzt gefunden habe, finde ich schon hilfreich, besonders an den Tagen, wo die Schwere sich mal wieder breit macht will …

Die Schlüssel hängen kunterbunt durcheinander - keine festen Plätze. Natürlich habe ich Lieblingsschlüssel. Das sind die Schlüssel zu den Räumen, in denen ich mehr und mehr zu Hause sein möchte:

Leichtigkeit

Mich selbst mal leicht nehmen - mir nicht ständig immer weiter den Kopf zerbrechen über Dinge, die ich zur Zeit sowieso nicht ändern kann - mal albern sein - im Spiegel eine Grimmasse ziehen und über mich selber lachen - darauf vertrauen, dass sich alles fügt - mir schöne Musik anmachen und dazu spontan mit mir selber tanzen - einen kleinen Ausflug machen in die Natur oder in die Stadt - einem wildfremden Menschen zulachen - beim Autofahren das Radio aufdrehen und laut mitsingen - eine Feder auf dem Boden entdecken und sie als Erinnerung, als himmlisches Zeichen, als Wegweiser zur Leichtigkeit erkennen ...

Gelassenheit

Mich ganz bewusst der göttlichen Führung anvertrauen und aufhören, mir selber Druck zu machen. Durch schwierige Zeiten vertrauensvoll hindurch gehen mit dem Urvertrauen und der inneren Gewissheit, dass sich alles zum Guten lösen wird, wenn die Zeit dafür reif ist.

Vergebung

Mir meine eigenen Fehler vergeben. Ich bin nicht perfekt – na und? Wer ist das schon? Ich kann ja daraus lernen und es nächstes Mal anders machen, dann hat es einen Sinn gehabt. Anderen vergeben - denen geht es ja schließlich genauso wie mir. An Zorn und Empörung festhalten bindet doch nur schlechte Energie und bringt rein gar nichts.

Loslassen

Was gehört <u>jetzt</u> zu mir? Schleppe ich vielleicht schon Jahre lang unbewusst Dinge mit mir herum, die eigentlich nur noch Ballast sind? Alte Glaubenssätze von früher - haben sie heute noch Gültigkeit für mich? Was habe ich vielleicht von anderen übernommen, ohne mir im Klaren darüber zu sein, dass es gar nichts mit mir zu tun hat? So viele Seelenbremsklötze! Stopp. Schluss damit. Aussortieren ist angesagt. Wer loslässt hat die Hände wieder frei!

Freude

Eine einfache Art, Freude zu empfangen ist es, jemand anderen zu beschenken. Nichts Großes, darauf kommt es gar nicht an. Etwas von Herzen geben - eine Blume, eine Süßigkeit, eine Postkarte mit ein paar lieben Worten, ein Telefonat, sich Zeit nehmen für ein gutes Gespräch ... Egal, was auch immer es sein mag. Freude ist wie ein Bumerang, der direkt oder später irgendwann von irgendwo ganz unverhofft zurückkommt.

Spielen

Einfach einmal ohne schlechtes Gewissen zutiefst *unproduktiv* sein - spontan einem Herzensgelüst folgen - der Kreativität Raum geben, ohne den Druck, dass etwas Einzigartiges dabei herauskommen muss - mit den Katzen schnurren - neue Rezepte ausprobieren - etwas neu dekorieren - die Natur genießen - ein Bild malen - mich mit Freundinnen treffen - ein dickes Eis mit Schokoladensauce essen gehen ...

Akzeptanz

Akzeptieren, was ist. Lange nicht alles, was ist, gefällt mir. Manches lässt sich jedoch nicht ändern, oder ich finde im Moment keine Lösungsmöglichkeit. Auch wenn ich nichts tun kann - meine EINSTELLUNG zu den Dingen, die mir nicht gefallen, kann ich überdenken. Ich habe die Möglichkeit, mich jederzeit neu zu justieren. Einfach mal etwas von einer anderen Seite betrachten.

Neuanfang

Nicht stehen bleiben, nicht anhaften an alten und bekannten Gewohnheiten, das hemmt die Weiterentwicklung. Neues im Leben willkommen heißen, sich Neuem öffnen und sich damit vertraut machen. Mutig sein. Mal etwas anders machen als bisher. Neue Impulse ausleben. Es gibt noch so Vieles zu entdecken ...

Beten

Die Verbindung zu Gott, zur Quelle, zum himmlischen Segensportal täglich immer wieder stärken. Kraft schöpfen aus der inneren Zwiesprache zu den himmlischen Helfern - mich alle Zeit wohlig geborgen fühlen in Gottes liebenden Händen - mich immer von guten Mächten getragen fühlen. Gott einladen, mit mir zu sein, durch mich zu wirken, mich zu führen. Gott erkennen in meinem Gegenüber, in den Menschen, die mir begegnen, in den Dingen, die heute auf mich zukommen.

Resilienz

Mein Lieblingswort, mein Lieblingszustand. Resilienz, das ist psychische Widerstandsfähigkeit. Im Internet finde ich eine schöne, detaillierte Beschreibung: *Resilienz ist die Fähigkeit, Krisen zu bewältigen und sie durch Rückgriff auf persönliche und sozial vermittelte Ressourcen als Anlass für Entwicklungen zu nutzen. Mit Resilienz ganz nah verwandt ist die Entstehung von Gesundheit, Widerstandsfähigkeit, Bewältigungsstrategie und Selbsterhaltung.* Wunderbar! Da ist alles drin. What else do we need?

Hingabe

Denkpause - nicht immer selber machen und tun – den Verstand in Urlaub schicken und den Geist mal ganz bewusst auf Empfang einstellen. Mit wachen Augen und offenen Ohren durch den Tag gehen - Hinweise entdecken. Mich öffnen, mich hingeben, damit ich empfangen kann. Hilfe in einem Gebet finden, mein Herz öffnen für die himmlischen Helfer. Vertrauen.

Gesundheit

Gesund sein ist schön. Aber das ist ja nicht immer der Fall, dass man gesund ist. Was ist, wenn der Körper streikt? Was steckt hinter den körperlichen Symptomen? Körper, Geist und Seele sind miteinander verbunden. Krankheit ist oft ein Hilferuf der Seele. Die Seele sagt zum Körper: Mach du mal weiter! Ich wünsche mir die Weisheit, die Bedürfnisse der Seele in der körperlichen Symptomatik zu verstehen. So kann ich Krankheit als Hinweis nutzen und vielleicht etwas zum Guten verändern.

Zufriedenheit

Unzufrieden? Nicht alles so, wie ich es am Liebsten gerne hätte? Die Dinge brauchen ihre Zeit, um zu wachsen und zu heilen. Ich denke mir einen Merksatz aus, eine kleine Erste-Hilfe-Medizin, die meinen Fokus erst einmal wieder zurechtrückt. Ich sage mir: Nicht denken an alles, was du vermisst, sondern danken für alles, so wie es ist.

Dankbarkeit

Ich habe festgestellt: Je mehr ich danke, desto reicher fühle ich mich. Nichts ist ja selbstverständlich. Gute Gesundheit, ein wacher Geist, ein scharfer Verstand, ein Herz mit Großmut, voller Liebe, ein Dach über dem Kopf, Essen, Trinken, eine Familie, die für einander da ist, gute Freunde, ein Sofa zum Ausruhen, eine gute Tasse Tee … Was bin ich doch reich!

Privatkino

Leise Mozartmusik, ein gemütliches Sofa, ein Glas Rotwein, eine Kanne Lieblingstee, und ein Berg alter Fotos - fertig ist das Kino der Herzensfilme. Meine Güte, was für Erinnerungen … Erster Schultag mit bunter Schultüte. Kindergeburtstag mit Kakao und Kuchen und bunten Stirnbändern aus geflochtenem Krepppapier. Unser Hund - der beste Seelentröster. Die erste große Liebe. Cooles Outfit! Urlaubsbilder. Erster Job. Umzug. Neuer Job, neue Freunde, neue Liebe... Mein Leben auf buntem Fotopapier. Sehnsucht. Freude. Stolz. Wehmut. Erinnerungen an glückliche und an traurige Zeiten. An schweren Zeiten gereift, neue Erfahrungen gemacht. Erfahrungen sind kostbare Schätze. Heute erfreue ich mich an meiner ganz persönlichen Schatzkiste.

Liebe

Ricarda Huch* hat den Satz geprägt: *„Liebe ist das einzige, was wächst, indem wir es verschwenden."* Wunderbar. Diesbezüglich möchte ich immer - ohne die kleinste Einschränkung verschwenderisch sein. Ich möchte jeden so lassen können, wie er ist - keine Erwartungen haben. Ja, das ist eine gute Idee: kein Erwartung - keine Enttäuschung.

Noch ein Spruch, diesmal von *Otto Flake**: *„Liebe ist der Entschluss, das Ganze eines Menschen zu bejahen, die Einzelheiten mögen sein, wie sie wollen."* Hm! Das <u>Ganze</u> eines Menschen bejahen... Das ist ein wirklich hohes Ziel - sowohl in Bezug auf andere, als auch in Bezug auf mich selbst. Ich übe! Immerhin bin ich total frei darin, worauf ich mich fokussiere.

Noch einmal lese ich den Spruch von *Pater Alfred Friedrich Delp**

„Wenn durch einen Menschen ein wenig mehr Liebe und Güte, ein wenig mehr Licht und Wahrheit in der Welt war, dann hat sein Leben einen Sinn gehabt."

Die Liebe …

Schlüssel aller Schlüssel!

Willkommen!

Literaturliste

Leitspruchkalender 2016
Impuls Kalender GmbH

Sabine Gehlen
Seelenkonfekt
Verlag BoD 2013

Sabine Gehlen
Vom Leben berührt
Verlag BoD 2012

International Bible Society
Die Bibel - Hoffnung für alle
Brunnen Verlag 1983, 1996, 2002

Chuck Spezzano
Karten der Heilung
Verlag Königsfurt-Urania 2012

Julia Gruber & Erwin Thoma
Bäume für die Seele
Ueberreuter Verlag 2015

Alfred Delp
Worte der Hoffnung
Echter Verlag 2009

Über die Autorin:

Sabine Gehlen, Jahrgang 1958, ist Autorin und Heilpraktikerin in eigener Praxis. Ihre Hauptaufgabe sieht sie darin, Menschen dabei anzuleiten und zu unterstützen, sich selbst zu helfen. Als gläubige Christin bezieht sie ihre Inspiration für ihre tägliche Arbeit aus der Quelle Gottes. Mit viel Liebe und Einfühlungsvermögen erarbeitet sie mit den Betroffenen zusammen individuelle Lösungskonzepte.

http://sabinegehlen.jimdo.com
www.naturheilpraxis-gehlen.de

Bücher von Sabine Gehlen:

Zwischen Himmel und Erde
und immer neuen Möglichkeiten ...
ISBN: 978-3-8423-3815-9

Ein Buch, das Mut machen möchte, der inneren Stimme zu folgen und so den ganz persönlichen Lebensplan zu erkennen und zu verwirklichen. Ein Buch, um die eigene innere Melodie der Seele aufzuspüren und zum Klingen zu bringen mit Hilfe des besten Konzertmeisters aller Zeiten: mit Gott. In 12 Kapiteln werden essentielle Lebensthemen beleuchtet. Es geht um die bewusste Gestaltung der eigenen Lebenszeit, um Entwicklungsmöglichkeiten, um die Kraft der Liebe, um Vergebung, um Kommunikation und um die Freisetzung der eigenen Schaffenskräfte. Der zweite Teil des Buches ist ein Übungsteil mit positiven Formeln. Autosuggestionssätze laden dazu ein, direkt mit einer Programmierung des Unterbewusstseins zu beginnen und durch tägliche Übungen innerlich die Tür zu öffnen für immer neue Möglichkeiten...

Vom Leben berührt
Glücklich sein im Hier und Jetzt
ISBN: 978-3-8482-1204-0

Glücklich sein im Hier und Jetzt - keine leichte Angelegenheit. Oft lassen Sorgen und Probleme nicht mehr genügend Raum für Glück und ungezügelte Lebensfreude. Und doch liegt gerade in Krisen ein großes Potential, verborgene Fähigkeiten in sich selbst zu entdecken und das Leben in einer neuen Sicht zu sehen. Das Buch lädt dazu ein, persönliche Erfahrungen und Empfindungen zu reflektieren, um auch in schwierigen Situationen Möglichkeiten aufzuspüren. Wie das am besten gelingt? Durch eine veränderte Betrachtungsweise! Die aufgeführten Gedichte und Berichte inspirieren dazu, sich den Herausforderungen des Lebens mutig und vertrauensvoll zu stellen und in scheinbar ausweglosen Situationen lösende, Heil bringende Perspektiven zu entdecken. Lassen Sie sich berühren: vom Leben - von der Liebe - von Gott.

Luise im Glück
Expeditionen zu den Schätzen
des Lebens
ISBN: 9-783732-248629

Luise macht sich auf die Reise, um das Leben mit seinen schillernden Facetten kennen und lieben zu lernen. Mit Neugier, Esprit und Humor entdeckt sie auf ihren Expeditionen jede Menge Schätze und Lebensweisheiten, die sie in ihrem Reisetagebuch in Form von positiven Merksätzen auf den Punkt bringt. Sie entdeckt die heilende Kraft der Natur und schließt Freundschaft mit heilkräftigen Pflanzen und Bäumen. Ob es um fehlende Selbstakzeptanz geht, oder um innere Fesseln, die ein Leben in Freude und Glück erschweren - mit einer Prise Himmelsinspiration findet Luise in jeder Situation das richtige Lebensrezept. Luise im Glück ist ein zauberhaft himmlisches Lebensmanuskript für irdische Schatzsucher.

Seelenkonfekt
Gebete und Texte der Zuversicht
ISBN: 978-3-8482-2633-7

Seelenkonfekt – Gedanken, Gedichte und Affirmationen, die Herz und Seele berühren. Schlagen Sie willkürlich eine Seite auf und greifen Sie in die Bonboniere der Seelensprüche. Genießen Sie den Augenblick der Besinnung, den Sie auf diese Weise intuitiv gewählt haben. Die Pralinen sind einzeln verpackt, verzehren Sie genüsslich jeden Tag eine. Bibelzitate sind die Inspirationsquelle für das Konfekt, welches aus Hoffnung, Liebe und Frieden besteht, aber auch aus Bitterstoffen wie Mutlosigkeit und Verzweiflung. Gebete und Texte der Zuversicht laden dazu ein, in Gottes Liebe aufzutanken. Seelenkonfekt, das ist Poesie für Herz und Seele, zubereitet mit Liebe und Gottvertrauen.